JAMES WARHOLA

Mi tío Andy

SerreS

para
Papá y Mamá

Título original: Uncle Andy's
Adaptación: Marta Ansón Balmaseda

Editado por acuerdo con G.P. Putnam's Sons, división de Penguin Young
Readers Group, una sociedad de Penguin Group (USA) Inc.

Este libro está diseñado por Gunta Alexander.
El texto de este libro ha sido compuesto en Else Semi Bold.
Las ilustraciones han sido realizadas en acuarela sobre papel Arches

Primera edición en lengua castellana para todo el mundo:
© 2004 Ediciones Serres, S. L.
Muntaner, 391 – 08021 – Barcelona

www.edicioneserres.com

ISBN: 84-8488-131-8
Fotocomposición: Editor Service, S.L., Barcelona

Impreso por Sagrafic, S.L., Barcelona
D.L: B-3.463-2004

Nota del Autor

Mi padre, Paul Warhola, era el mayor de tres hermanos. Había crecido en la contaminada ciudad industrial de Pittsburgh y, cuando se casó con mi madre, decidió mudarse al campo para educarnos allí. Éramos siete hermanos. Mi padre disfrutaba mucho de su trabajo de chatarrero, que le permitía ser su propio jefe y tener su propio horario. La vida en el campo no era fácil, pero para nosotros, los niños, la infancia fue deliciosa y sin preocupaciones.

Mi tío Andy, el más pequeño de los hermanos, dejó Pittsburgh y se fue a vivir a Nueva York en 1949. Enseguida se quitó la *"a"* final del apellido familiar y su nombre pasó a ser Andy Warhol. En un primer momento tuvo mucho éxito trabajando como ilustrador en publicidad. Después, a principios de los años 60, Andy se introdujo en el mundo del arte. Formaba parte de un pequeño grupo que creía que las fronteras del arte podían ampliarse con el retrato de objetos de uso común en la sociedad moderna. Era lo que pronto pasó a conocerse como "Pop Art".

Varias veces al año peregrinábamos a la ciudad de Nueva York para visitar a nuestro tío Andy y a nuestra abuela, a quien llamábamos cariñosamente Bubba (la palabra ucraniana para abuela). Durante los años 50, con cada visita la familia iba aumentando y nuestro coche terminó teniendo aspecto de caravana. De niños, esperábamos cada viaje como una gran aventura en una tierra exótica. Una tierra que no se parecía en nada a la nuestra, una tierra donde la gente se teñía el pelo de morado y salía a pasear por las calles como una manada de perros. Nuestro oasis era la casa del tío Andy y de la abuela.

Este libro es la historia de un viaje que hicimos en agosto de 1962. Aquel fue un año muy importante para Andy Warhol, pues realizó su primera exposición en solitario y allí dio a conocer al mundo su serie de las latas de sopa. Aunque hoy ocupa un lugar prominente en el mundo del arte, nosotros siempre lo recordaremos como nuestro tío Andy.

Paulie   Eva   Mary Lou   Georgie   Jamie   Maddie   Marty

Cuando pienso en aquellos días, lo primero
que recuerdo es que el trabajo de mi padre me
parecía la mejor cosa del mundo. Pese a que
mi hermano mayor estaba fuera estudiando la
carrera, todavía quedábamos seis niños en casa.
Papá tenía varios trabajos, pero en aquellos
momentos era sobre todo chatarrero. A veces
los vecinos se quejaban de que nuestro jardín
parecía un desguace, aunque la verdad es que
era el jardín más divertido del barrio.

El verdadero desguace quedaba a unos dos kilómetros, en una carretera polvorienta. Estaba situado en la cima de una colina muy empinada y tenía de todo: coches abollados, máquinas tragaperras, motores viejos... Cualquier cosa que a uno se lo ocurriera podía encontrarse allí, en "La Colina". El trabajo de papá consistía en recoger trastos y separar los metales –aluminio, latón, hierro y cobre–. Cuando tenía suficiente material, cargaba el camión y se iba renqueando hasta el siguiente desguace.

Papá siempre estaba trayendo chatarra a casa. A veces me decía:
"Mira, Jamie, con todo esto se puede hacer arte del bueno". Entonces
ponía juntos unos cuantos trastos y conseguía formas interesantes.

Mamá no paraba de protestar: "¡Por amor de Dios, Paul, esta casa
parece un trastero!" o "Paul, ¿no sería mejor que lo tirásemos todo?".
Pero a nosotros nos gustaba jugar entre chatarra.

Un día, papá nos dijo al volver del trabajo: "Ya va siendo hora de hacer una visita a Bubba y al tío Andy a la ciudad. Nos vamos mañana". ¡Qué nerviosos nos pusimos! No todos los días va uno a Nueva York a visitar a una abuela y a un famoso tío artista. Teníamos muchísimo que hacer.

Papá tenía que revisar el coche. Mary Lou y Eva tenían que hacer bocadillos.
Georgie y yo teníamos que preparar el equipaje. Y, bueno, las pequeñas Maddie
y Marty no tenían mucho que hacer, excepto estorbarnos a todos.

Al día siguiente, mamá nos despertó de madrugada y, por fin, emprendimos
el viaje. Al principio, sólo se veían campos de maíz y vacas pastando. Íbamos
contando los siete túneles que había que atravesar para llegar a la ciudad.
Todos nos espabilamos al pasar el último.

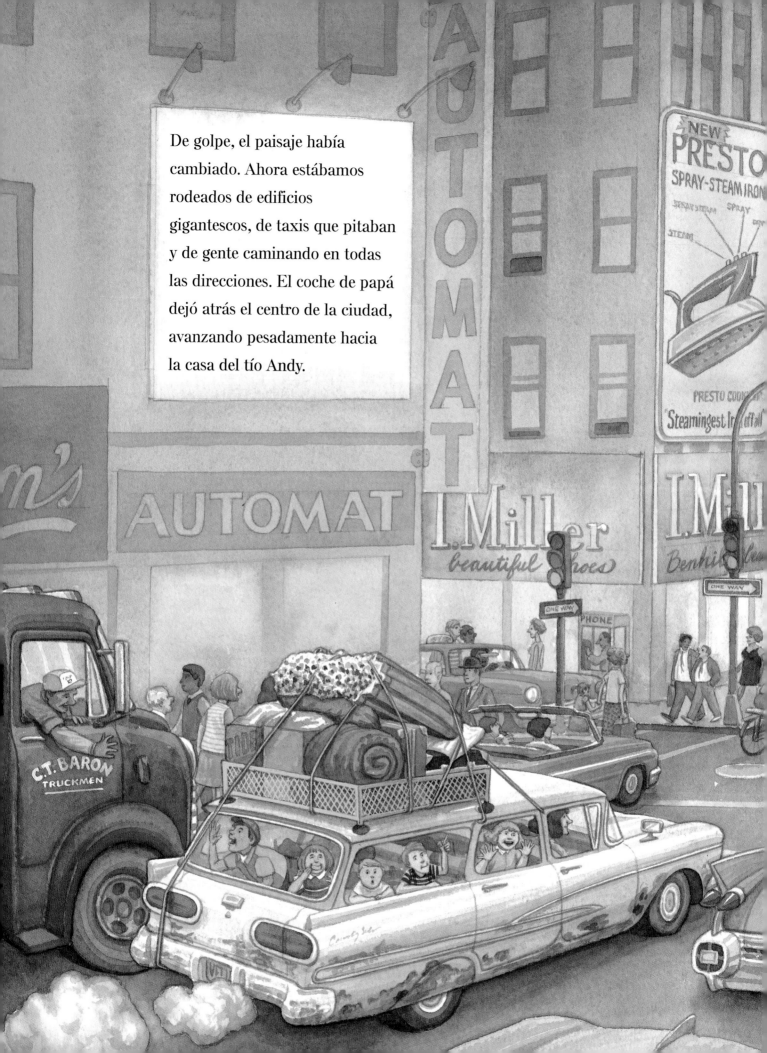

De golpe, el paisaje había cambiado. Ahora estábamos rodeados de edificios gigantescos, de taxis que pitaban y de gente caminando en todas las direcciones. El coche de papá dejó atrás el centro de la ciudad, avanzando pesadamente hacia la casa del tío Andy.

Y allí estábamos todos, los ocho frente a una gran puerta negra, listos para llamar al timbre. Tras una larga espera, alguien descorrió el cerrojo y la puerta se abrió lentamente. El tío Andy nos miró un instante enfocando la vista y luego soltó un largo "¡Ooooh!". Papá solía decir que era mejor no avisar de nuestra llegada, para que fuera una sorpresa… y realmente funcionaba. El tío Andy siempre se sorprendía mucho. Nos dijo que pasáramos y fuimos a la cocina, donde estaba la abuela.

Bubba nos besó, nos llenó la cara de babas y, como siempre, nos preparó una cena con embutidos, panes y quesos. La charla y la comida fueron llegando a su fin y llegó la hora de acostarse. El tío Andy nos llevó a nuestras improvisadas camas. Yo dormí sobre una vieja puerta apoyada en el suelo, cubierta de almohadones.

Por la mañana, me di cuenta de que había dormido rodeado de cajas de latas. "Cuánta sopa tomaban Bubba y el tío Andy", pensé. Pero no era eso: el tío Andy no había comprado aquellas cajas, las había hecho él mismo con madera y luego las había pintado. Eran obras de arte, y muy importantes, porque el tío nos dijo que ni se nos ocurriera tocarlas.

Papá nunca se olvidaba de traer de nuestro jardín alguna cosa interesante para el tío. Esta vez se trataba de un imán gigante con tornillos adheridos. El tío Andy lo observó detenidamente, levantando la mirada por encima de sus gafas. Al cabo de un momento dijo: "¡Aaah, guau, bufff!", y entonces supimos que le había gustado muchísimo. Y decidió colocar nuestro regalo frente a la puerta principal.

El tío Andy tenía veinticinco gatos, todos llamados Sam, que siempre andaban escondiéndose por los rincones de la casa. Y es que aquello era como un parque de atracciones, ideal para jugar al escondite y a las carreras. No pasó mucho tiempo antes de que los seis hermanos nos lanzáramos escaleras arriba y abajo, recorriendo habitaciones como una manada de monos salvajes.

El tío Andy pensaba que todas las cosas eran, de una forma u otra, obras de arte. Por eso su casa era tan fantástica. Cada uno de los cuartos estaba hasta los topes de todo tipo de objetos estupendos.

Siempre había cosas por descubrir. Justo en medio de la entrada había una gran pieza de metal abollado. Parecía que se hubiese quedado atascada y no hubiera forma de sacarla de allí. El tío Andy nos explicó: "¡Pero si ésta es una *FABULOOOSSSA* obra de arte de alguien muy famoso!". Nos quedamos impresionados. En casa, papá tenía muchas piezas de chatarra iguales.

El tío Andy no paraba de trabajar, y a nosotros nos encantaba verle pintar en su estudio. Convertía las cosas más aburridas en obras de arte: una lata de sopa, una botella de refresco, un billete… A Mary Lou y a Eva les chiflaban los retratos gigantes de Elvis Presley. Y mamá, siempre preocupada por el orden, decía: "Por Dios, Andy, ¿no sería mejor que lo tirásemos todo?". Horrorizado, el tío Andy respondía: "¡Nooo, pero si esto es arte! ¡Son todas piezas de gran valor!". La verdad es que mamá no entendía nada de arte.

Para que no armáramos follones, el tío Andy decidió que lo mejor era ponernos a todos manos a la obra. Enseguida repartió trabajos. Como sabía que me gustaba pintar, me dejó ayudarle en el dibujo gigante colorea-por-número de un velero.

Por las noches, el tío Andy iba a fiestas donde se encontraba con otras personas famosas. Por la mañana, nos sentábamos pacientemente junto a su puerta, esperando a que saliera y nos contara a quién había visto. Una mañana, Maddie le dio al tío una pequeña "sorpresa", pues entró antes de tiempo en su habitación. El tío Andy soltó un grito enorme: le habíamos pillado sin peluca.

En realidad, todos sabíamos que el tío Andy era calvo, como papá y el tío John. Y tenía pelucas para todas las ocasiones: pelucas despeinadas de andar por casa, pelucas de colores para la tarde y pelucas formales para las fiestas. Además, le había dado a papá sus pelucas viejas, y en casa solíamos hacer el payaso con ellas.

Cada día tenía alguna novedad. Nos gustaba especialmente escondernos en el estudio cuando el tío Andy traía a gente importante del mundo del arte para hablar de su trabajo. Se amontonaban alrededor de los cuadros, señalándolos y mirándolos con ojos de miope. Creían que, realmente, el tío Andy tenía algo especial. Yo sabía que sus cuadros eran súper fenomenales y había decidido hacer mis propias cosas cuando volviera a casa.

Y llegó el día en que papá nos dijo que era hora de marcharnos. Esa noche hicimos las maletas. De nuevo Mary Lou y Eva prepararon bocadillos, y Bubba añadió unos cuantos embutidos.

El tío Andy estaba saliendo por la puerta, con uno de los cuadros de la lata de sopa. Le dije que nos iríamos por la mañana y contestó:"¡No me digas! Bueno, pero ahora tengo que salir a venderle este cuadro a un hombre que me espera a la vuelta de la esquina. Es el Rey de los Taxis. Parece que le gusta mi trabajo… Y después me voy a una fiesta. ¡Ooooh, que tengáis un *FABULOOOSSSO* viaje, Jamie, adiós!".

Nos acostamos temprano y antes de darme cuenta, mamá me estaba sacudiendo los pies: "¡A levantarse…!" Bubba nos ayudó con nuestras cosas y salimos adormilados. Todavía no había amanecido. Al pie de las escaleras había un montón de cajas que el tío Andy había dejado para nosotros. ¡Cantidad de cosas estupendas, incluyendo utensilios de pintura para mí! Bubba nos besó, llenándonos de babas, y nos metimos en el coche. Atravesamos la ciudad y al llegar al primer túnel ya nos habíamos dormido pensando en nuestra próxima visita al tío.

Nos fuimos haciendo mayores, pero nunca dejamos de viajar a aquella lejana ciudad. Papá continuó llevándole cosas interesantes de nuestro jardín al tío Andy. Y en cuanto a mí, que cada vez me gustaba más pintar, aprendí que el arte está en todo lo que nos rodea.

En un rincón de mi cuarto preparé mi estudio.
Y aunque mamá se llevaba las manos a la cabeza
al ver el desorden que había por todas partes,
no me obligaba a recoger. Incluso me despertaba
temprano los sábados para llevarme a clases de
dibujo. Y mira, resultó que al fin mi madre sí había
entendido lo que era eso del arte.